Akademie der Wissenschaften
zu Berlin

Jaakko Honko

Wirtschaftliche Steuerung des Umweltschutzes

W
DE
G

Akademie der Wissenschaften zu Berlin

Jaakko Honko

Wirtschaftliche Steuerung des Umweltschutzes

Überlegungen aus finnischer Sicht

Walter de Gruyter · Berlin · New York · 1991

Akademie-Vorträge 2

CIP-Titelaufnahme der Deutschen Bibliothek

Honko, Jaakko:
Wirtschaftliche Steuerung des Umweltschutzes : Überlegungen aus finnischer Sicht / Jaakko Honko. Akademie der Wissenschaften zu Berlin. – Berlin ; New York : de Gruyter, 1991
(Akademie-Vorträge / Akademie der Wissenschaften zu Berlin ; 2)
ISBN 3-11-012839-X
NE: Akademie der Wissenschaften ⟨Berlin, West⟩ : Akademie-Vorträge

Satz und Druck: Arthur Collignon GmbH, Berlin
Einband: Lüderitz & Bauer, Berlin

Vorwort

Probleme des Umweltschutzes bilden einen Schwerpunkt der interdisziplinären Forschungs- und Beratungstätigkeit in der Akademie der Wissenschaften zu Berlin. Bei der Lösung derartiger Probleme arbeitet die Akademie der Wissenschaften eng mit Wissenschaftlern anderer Länder, aus Ost und West, zusammen. Die vorliegende Studie von Professor Honko entstand im Rahmen der Studiengruppe »Wasser – Boden – Luft« der Akademie der Wissenschaften zu Berlin.

Die Studie stellt die finnische Umweltschutzpolitik vor. Die OECD hat aufgrund einer Überprüfung der finnischen Umweltschutzpolitik festgestellt: »The outstanding progress of pollution control in Finland clearly deserves to be brought to the attention of the other countries.« Honko zeigt in dieser Arbeit auf, daß und warum dieses Urteil der OECD berechtigt ist.

Für die Arbeit der Akademie der Wissenschaften zu Berlin sind zwei Gesichtspunkte in dieser Studie von besonderer Bedeutung. Honko stellt einmal die Politik zum Schutz der finnischen Gewässer dar. Bei den finnischen Seen handelt es sich um nationale Gewässer. Gewässerschutz ist daher, anders etwa als bei uns die Problematik der Reinhaltung des Rheins, ein rein nationales Problem. Hier gibt es auch in einer Gesellschaft, in der alle Bevölkerungskreise stärker vielleicht als bei uns dem nationalen Konsens hohe Priorität beimessen, durchaus starke Interessengegensätze, insbesondere zwischen der Industrie und dem Staat. Der Versuch, diese Interessengegensätze in Finnland durch wirtschaftliche Anreizsysteme zu überwinden und nicht durch dirigistische Maßnahmen wie Grenzwerte zu regeln, ist wichtig und anregend. Honko zeigt, daß wirtschaftliche Anreize auch in Finnland neue Instrumente der Umweltpolitik sind. Die Lösungen, die in Finnland für die Überwindung dieser Interessengegensätze gefunden worden sind, scheinen mir verallgemeinerbar für alle Probleme der Umweltpolitik, die einen rein nationalen Charakter haben.

Zum anderen behandelt Honko die Politik zur Reinhaltung der Luft über Finnland und damit über den finnischen Wäldern. Die Wälder Finnlands bilden die Lebensgrundlage weiter Bereiche der finnischen Industrie. Ihr Schutz liegt daher im unmittelbaren Interesse der finnischen Wirtschaft. Hier gibt es also keinen

Gegensatz zwischen der Regierung und der Industrie. Es gibt vielmehr einen umfassenden Konsens darüber, daß die Erhaltung der finnischen Wälder höchste Aufmerksamkeit verdient und höchste Priorität in der finnischen Umweltpolitik besitzt. Nun ist aber die Luft über Finnland kein rein nationales Gut. Die Qualität der Luft wird nicht nur durch die Emissionen der finnischen Industrie belastet. Honko zeigt, daß ein großer Teil der Luftverschmutzung durch die Industrie in den sowjetischen Gebieten nahe der finnischen Grenze verursacht wird. Damit wird die Luftreinhaltung zu einem Problem der finnischen Außenpolitik, an dessen Lösung alle Bevölkerungskreise Finnlands einschließlich der Industrie ein großes Interesse haben. Wie vital dieses Interesse ist, geht aus der Tatsache hervor, daß Finnland angeboten hat, sich an den Kosten des Umweltschutzes in den sowjetischen Industriegebieten östlich der finnischen Grenze maßgeblich zu beteiligen.

Die finnische Politik zur Luftreinhaltung darf daher als exemplarisch gelten für Probleme, bei denen ein nationaler Konsens über Ziele und Prioritäten des Umweltschutzes einerseits und internationale Gegensätze andererseits besteht.

An diesem Beispiel wird aber auch deutlich, daß Umwelttechnik inzwischen eine bedeutende industriepolitische und außenwirtschaftliche Dimension erhalten hat. Finnland möchte seine finanzielle Unterstützung der Umweltsanierung in der Sowjetunion mit der Lieferung finnischer Umwelttechnologie für die sowjetischen Industriebetriebe verbinden.

Es ist in allen westlichen Ländern deutlich erkennbar, daß sich in der Ökologie ein neuer Konsens zwischen Regierung und Wirtschaft anbahnt. Wer Umwelttechnologie verkauft, ist an staatlichen Maßnahmen zum Umweltschutz interessiert. Und es ist hinzuzufügen: wer mit Phantasie und Ideenreichtum Produkte erfindet und entwickelt, die den Umweltschutz verbessern, der wird in einem politischen Umfeld mit wirtschaftlichen Anreizen für den Umweltschutz ein größeres Betätigungsfeld finden als in einer dirigistisch durch Umweltgebote und -verbote regulierten Welt.

Der Autor dieser Schrift, Professor Dr. Jaakko Honko, geboren 1922 in Tampere, war langjähriger Rektor der Helsingin Kauppakorkeakoulu (The Helsinki School of Economics). Anschließend bekleidete er das Amt des Kurators der Kauppakorkeakoulu. Wegen seiner Verdienste um die Weiterentwicklung der Wirtschaftswissenschaften wurden Professor Honko zahlreiche Ehrungen zuteil, so die Ehrendoktorwürden der Universität Göteborg, der Universität Jyväskylä, der Swedish School of Economics und der Wissenschaftlichen Hochschule für Unternehmensführung in Koblenz.

Das Plekhanov-Institut in Moskau würdigte im Jahre 1989 die Verdienste von Professor Honko um die Entwicklung der Ost-West-Beziehungen durch die Verleihung der Würde eines Professors ehrenhalber. In den Jahren 1987–88 war Professor Honko Präsident der finnischen Akademie der Wissenschaften. Seit 1988 berät Professor Honko die Akademie der Wissenschaften zu Berlin bei der Analyse der kulturspezifischen Determinanten des Innovationserfolges.

Berlin, im September 1990 Horst Albach

Inhaltsverzeichnis

Vorwort V
I. Aufgabe und Grundlage 1
II. Die wichtigsten Umweltprobleme Finnlands 1
III. Rechtliche Steuerungsinstrumente 4
IV. Wirtschaftliche Steuerungsinstrumente 7
V. Ergebnisse des Umweltschutzes in Finnland 8
VI. Kosten des Umweltschutzes in Finnland ... 15
VII. Neue Vorschläge zur wirtschaftlichen Steuerung des Umweltschutzes 18
VIII. Abweichende Meinungen 22
IX. In welche Richtung? 24
X. Internationale Zusammenarbeit 26
XI. Einige Schlußbemerkungen 29
Anmerkungen 31

I. Aufgabe und Grundlage: Ziel der nachfolgenden Ausführungen ist es, die Entwicklung und Ergebnisse des Umweltschutzes in Finnland kurz darzustellen und dann besonders die wirtschaftlichen Steuerungsinstrumente und deren Einwirkungen zu analysieren. Auch einige neue Vorschläge zum Umweltschutz in Finnland werden behandelt, analysiert und evaluiert. Besondere Aufmerksamkeit wird auf die internationale Dimension und Zusammenarbeit gerichtet.

Die Analyse basiert auf Literaturstudien und Forschungsergebnissen[1] wie auch auf persönlichen Gesprächen.[2]

II. Die wichtigsten Umweltprobleme Finnlands: Finnlands wichtigste Umweltprobleme sind die Klimaveränderungen. Diese beeinflussen unter anderem den Zustand der Wälder, von dem wiederum die Entwicklung der finnischen Wirtschaft und der gesamten Gesellschaft in hohem Maße abhängt.

Vielerlei Verschmutzungsfaktoren, wie Schwefeldioxid, Stickstoff und Kohlendioxid, bewirken Luftverschmutzung. Bei der Verminderung der Luftverschmutzung spielen die finnischen Maßnahmen jedoch nur eine begrenzte Rolle, denn Schwefeldioxid verbreitet sich aus inländischen und ausländischen Schloten. Das Problem des Stickstoffs und des Kohlendioxids im finnischen Luftraum ist mindestens ebenso kompliziert wie das Problem des Schwefeldioxids, weil die internationalen Emissionen sehr bedeutend sind.

Man rechnet, daß etwa zwei Drittel des Schwefel- und Stickstoffniederschlags, der auf finnischen Boden fällt, von außerhalb Finnlands kommen. Darum ist die internationale Zusammenarbeit im Bereich des Umweltschutzes für Finnland sehr wichtig.

Die große Bedeutung der internationalen Zusammenarbeit im Bereich des Umweltschutzes für Finnland wird durch Abbildung 1 deutlich dargestellt. Die Abbildung illustriert die Schwefelemissionen (kt SO_2) innerhalb Finnlands und außerhalb, nahe den finnischen Grenzen im Osten und Süden, im Jahre 1987.[3]

Die Gewässerverschmutzung ist ein anderes großes Problem des finnischen Umweltschutzes. Das Gebiet

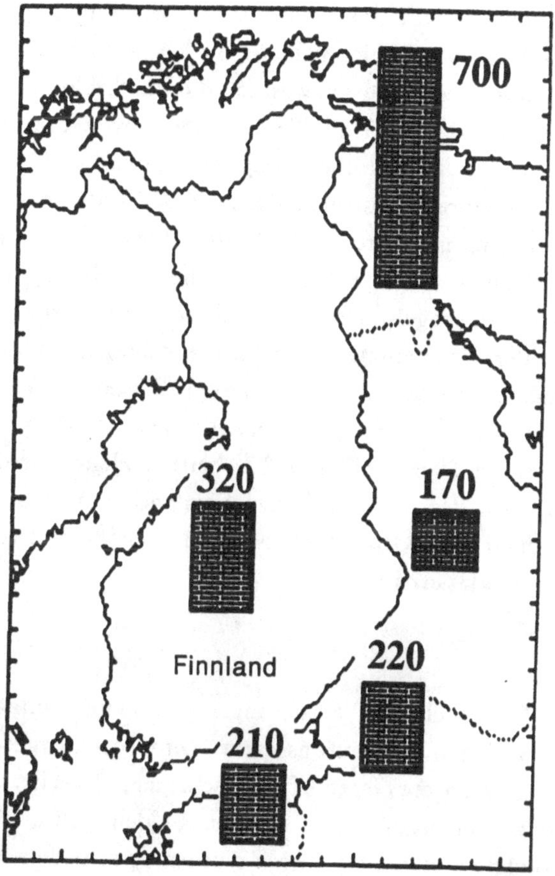

Abbildung 1: Schwefelemissionen im Jahre 1987 (kt SO_2)

Finnlands umfaßt 338 145 qkm, und es gibt auf dem finnischen Staatsgebiet beinahe 60 000 Seen. Die meisten dieser Seen sind ganz flach; die durchschnittliche Tiefe beträgt nur 7 m. Die größte Abwassermenge kommt von der Waldindustrie; die organische Wasserverschmutzung, verursacht durch (BOD7) dieser Industrie, betrug im Jahre 1984 221 600 Tonnen Abwasser.

Die seit den 70er Jahren mit Hilfe von Reinigungsanlagen durchgeführten Maßnahmen zur Verminderung der Verschmutzung hatten zur Folge, daß der Anteil der als schlecht klassifizierten Wassergebiete, der zu Anfang der 70er Jahre bei 3% gelegen hatte, zu Beginn der 80er Jahre nur 2% betrug. Heute werden über 80% des Wassergebietes Finnlands von den zuständigen Behörden als für Menschen gut oder ausgezeichnet klassifiziert.

III. Rechtliche Steuerungsinstrumente: Finnland hat kein umfassendes Umweltschutzgesetz, sondern mehrere Gesetze für verschiedene Zwecke. Das Gesetz über Naturschutz stammt aus dem Jahre 1923. Besonders in den 60er Jahren wurden verschiedene Gesetze über Umweltschutz beschlossen, darunter war das Gewässergesetz eines der wichtigsten.

Die wichtigsten rechtlichen und administrativen Steuerungsinstrumente sind die Genehmigungen (besonders im Gewässergesetz) und Meldungen; es gibt in Finnland aber kein einheitliches Genehmigungssystem. Die zum Beispiel für Emissionen und Vorabbesichtigungen von Betrieben bestehenden Regelungen spielen eine wesentliche Rolle.

Die rechtliche und administrative Steuerung ist stufenweise geordnet. Im Gewässergesetz etwa sind Tätigkeiten und Anlagen in solcher Weise nach eventuellen Umweltschäden gruppiert, daß einige einer Genehmigung, einige andere nur einer Meldung bedürfen. Die Normen für Emissionen gelten zum Beispiel ganz allgemein.

Zwar gibt es im Gewässergesetz auch Verbote, welche Tätigkeiten untersagen, die gewisse bedeutende Umweltschäden verursachen können. Die Verbote sind jedoch nicht sehr häufig angewandt worden. Die Gesetze enthalten auch Bestimmungen über die Kontrolle von Tätigkeiten.

In erster Linie wird die Gesetzmäßigkeit der Tätigkeit kontrolliert, die Einhaltung der Genehmigungsbedingungen. Zudem überwachen die Umweltschutzbehörden das Funktionieren der Selbstkontrolle, daß zum Beispiel Unternehmen selbst die Kontrolle der Emissionen usw. zweckmäßig durchführen. In letzter Zeit kann man feststellen, daß die Direktiven der EG die rechtliche Steuerung des Umweltschutzes in Finnland immer mehr beeinflussen. Auf diese Weise wird eine Harmonisierung der Steuerung des Umweltschutzes angestrebt.

Bis heute haben rechtliche und administrative Steuerungsinstrumente in Finnland die größte Rolle gespielt und einen deutlichen Einfluß auf das Verhalten der finnischen Unternehmen gehabt. Eine Untersuchung des finnischen Umweltschutzes durch die OECD unterstreicht die große Bedeutung eines besonderen rechtlichen Organs, nämlich des finnischen Wassergerichtes. Ihm gehören als Mitglieder nicht nur Juristen, sondern auch Ingenieure an.[4]

Die OECD betrachtet dieses Gericht als ein besonders nützliches Steuerungsinstrument mit guter gesetzlicher und technischer Expertise. Es befaßt sich zum Beispiel mit Genehmigungen, und alle Rechtsfragen kriminal- wie zivilrechtlicher Art, die sich auf diese Genehmigungen beziehen, werden ebenfalls von diesem Gericht behandelt.

Leitendes Prinzip der finnischen Umweltpolitik ist die Integration der Umweltpolitik mit anderen Teilen der Gesellschaftspolitik. Dies betrifft die Wirtschafts-, Energie-, Landwirtschafts-, Verkehrs-, Handels-, Industrie- und Außenpolitik usw.

In Finnland sind drei Verwaltungsebenen mit der Durchführung des Umweltschutzes befaßt: die gesamtstaatliche, die regionale und die kommunale. Besonders im Bereich der Kontrolle geht die Entwicklung zur Dezentralisierung, was neue Aufgaben für die Gemeinden im Bereich des Umweltschutzes bedeutet. Im Jahre 1986 wurden in den finnischen Gemeinden gesetzliche Ausschüsse für Umweltschutz gegründet.

IV. Wirtschaftliche Steuerungsinstrumente: Als wirtschaftliche Steuerungsinstrumente dienen in Finnland verschiedene Gebühren, etwa die Gebühr für die Gewässerverunreinigung (im Wassergesetz) und verschiedene administrative Gebühren. Zusätzlich gibt es Anwendungsgebühren, zum Beispiel für die Abwasserreinigung, und für die Abfallbeseitigung im allgemeinen.

Als wirtschaftliche Steuerungsinstrumente des Umweltschutzes haben die Steuern in Finnland bis heute nur eine unbedeutende Rolle gespielt. Im finnischen Staatsbudget 1990 beträgt das Aufkommen aus Umweltsteuern etwa 1 Milliarde Finnmark.[5]

Andererseits werden in Finnland vielerlei Subventionen gegeben, um das Interesse am Umweltschutz zu wecken. Man gewährt jenen Unternehmen eine direkte finanzielle Unterstützung, die ihr Verhalten dahingehend ändern, daß die durch sie verursachte Verunreinigung der Umwelt deutlich abnimmt. Zum Teil greift man auf Anleihen zu einem niedrigen Zinsfuß zurück. Es werden auch Steuerermäßigungen gewährt, zum Beispiel für Kraftfahrzeuge mit Katalysator. Erwähnenswert sind weiter die Rückgabezahlungen, etwa der Pfandbetrag für Glasflaschen.

Im großen und ganzen kann man jedoch sagen, daß der Einfluß wirtschaftlicher Steuerungsinstrumente in Finnland bis auf weiteres ganz gering blieb und diese nur eine untergeordnete Rolle gespielt haben. In den folgenden Ausführungen werden die wirtschaftlichen Steuerungsinstrumente detailliert behandelt.

V. Ergebnisse des Umweltschutzes in Finnland: Um die Ergebnisse der Umweltschutzmaßnahmen in Finnland beurteilen zu können, muß man die Wirtschaftsentwicklung in Finnland kennen. Die folgende Tabelle zeigt die Entwicklung des Bruttosozialproduktes in Finnland, Schweden und in den OECD-Ländern 1977 – 1987.[6]

Jahr	Finnland	Schweden	OECD
1977	100	100	100
1978	102.2	101.8	104.3
1979	109.7	105.7	107.6
1980	115.6	107.5	108.9
1981	117.4	107.1	110.7
1982	121.7	108.0	110.2
1983	125.3	110.6	113.2
1984	129.4	115.0	118.8
1985	134.0	117.4	122.8
1986	137.1	118.7	126.1
1987	142.3	121.6	130.3

Man sollte hinzufügen, daß 1987 das Bruttosozialprodukt pro Kopf in Finnland etwa gleich hoch war wie jenes der Bundesrepublik Deutschland; in Finnland betrug es 18 200 Dollar, in der Bundesrepublik Deutschland 18 300 Dollar.[7] Die Tabelle zeigt, daß sich das Wirtschaftswachstum und die wirtschaftliche Tätigkeit in Finnland während der letzten Jahre ziemlich stark entwickelt haben.

Die Daten über die Kosten des Umweltschutzes in Finnland sind unzureichend. Nach den Daten des Zentralamtes für Gewässer und Umwelt betrugen die Kosten für den Gewässerschutz in der finnischen Waldindustrie von 1974 bis 1982 im Durchschnitt etwa 0,5%

des Umsatzes und die Investitionen für Gewässerschutz etwa 3,6% der Gesamtinvestitionen.[8]

Den Gewässerschutz kann man in Finnland durch nationale Maßnahmen stark beeinflussen. Zum ersten Mal wurden in Finnland langfristige Ziele für den Gewässerschutz vom Zentralamt für Gewässer und Umwelt für die Jahre 1975–1985 gesetzt. Die folgende Abbildung 2 veranschaulicht die Entwicklung der Abwasserbelastung (des biologischen Sauerstoffverbrauches BOD7) der finnischen Industrie für die Jahre 1972–1984. Sie zeigt, daß die Abwasserbelastung der finnischen Industrie, besonders jene der Papier- und Zellstoffindustrie, trotz des starken Zuwachses der Produktionskapazität von 1972 bis 1984 deutlich abgenommen hat. Die Verminderung der Abwasserbelastung wurde durch neue Produktionssysteme (Entwicklung von sauberen Technologien) und durch Konstruktion von Reinigungsanlagen möglich. Diese günstige Entwicklung hat sich auch nach 1984 fortgesetzt.

Abbildung 3 veranschaulicht die Entwicklung der Phosphorbelastung (P_{tot}) der finnischen Seen in den Jahren 1972–1984. Sie zeigt die deutliche Abnahme der gesamten Phosphorbelastung von 1972 bis 1984. Diese Tendenz ergibt sich aus der günstigen Entwicklung der Gruppe »other industries«, in der aber die Situation im Bereich der Landwirtschaft ungünstig

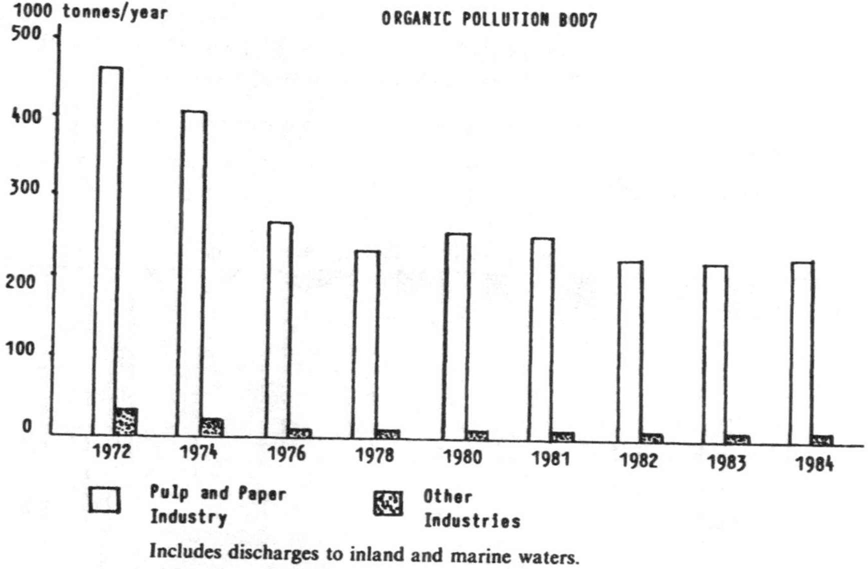

Abbildung 2: Entwicklung des biologischen Sauerstoffverbrauches (BOD7) durch die finnische Industrie in den Jahren 1972 – 1984 (einschließlich der Emissionen in Seen und Meeren).[9]

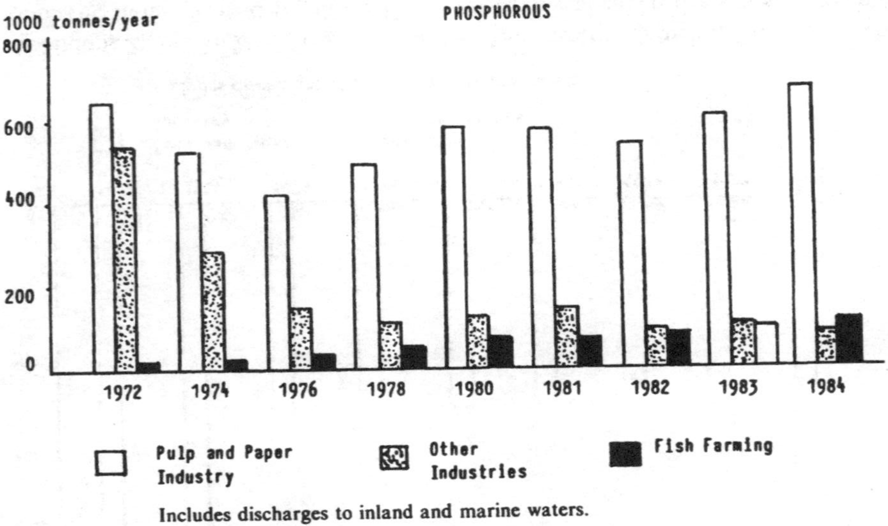

Abbildung 3: Entwicklung der Phosphorbelastung (P_{tot}) in den Jahren 1972–1984 (einschließlich der Emissionen in Seen und Meeren).

gewesen ist. Die Phosphorbelastung der Papier- und Zellstoffindustrie war im Jahre 1984 etwa auf demselben Niveau wie 1972.

Obwohl es im Gewässerschutz bereits Fortschritte gibt, soll die Lage der finnischen Seen weiterhin verbessert werden. Die Abwasserbelastung, neben der Industrie auch durch die Gemeinden und die Landwirtschaft verursacht, ist noch zu groß. Bis 1995 hat sich die finnische Regierung eine weitere bedeutende Sauerstoffzunahme und Abnahme der Phosphorbelastung zum Ziel gesetzt.

Bei der angestrebten Verminderung der Phosphorbelastung sind neben der Papier- und Zellstoffindustrie besonders die Gemeinden und die Landwirtschaft gefordert.

Auf dem Gebiet der Luftreinhaltung strebt Finnland danach, ein für die Bevölkerung gesundes und für die Natur, besonders für die Wälder, günstiges Klima zu sichern. Weil die Bevölkerungsdichte des Landes niedrig und Finnland relativ weit von den großen Industriegebieten Mitteleuropas entfernt ist, sind die Möglichkeiten der Luftreinhaltung im Prinzip gut. Doch ergaben sich Probleme durch die Emissionen innerhalb Finnlands, aber auch durch jene von außerhalb, besonders aus dem Bereich nahe der finnischen Grenzen im Osten und Süden, wie zum Beispiel Abbildung 1 zeigte.

Seit 1982 besteht in Finnland ein Gesetz über die Luftreinhaltung, für die das Zentralamt für Gewässer und Umwelt zuständig ist. Das Umweltministerium hat in Zusammenarbeit mit der Akademie Finnlands und einigen Forschungsinstituten mehrere Forschungsprojekte zur Luftreinhaltung und ihren wichtigsten Problemen begonnen.

Im allgemeinen ist die Entwicklung der Schwefelemissionen und der Luftreinhaltung Finnlands relativ gut gewesen. In den 80er Jahren haben sich die Schwefelemissionen Finnlands um etwa 40% vermindert. Auf der Grundlage der bereits gefaßten Beschlüsse prognostiziert man eine weitere Verminderung von 60% bis zum Jahr 2000.[11]

Hinsichtlich einer Verminderung der Stickstoffemissionen steht die Arbeit in Finnland jedoch erst am Beginn. Nach den Prognosen würden diese Emissionen ohne besondere begrenzende Maßnahmen zwischen 1988 und 2000 um ein Drittel zunehmen. Darum hat die Regierung rechtliche und wirtschaftliche Steuerungsinstrumente (Normen, Gebühren, Steuern usw.), die Energieproduktion und die wichtigsten Industriebranchen sowie die Kraftwagen betreffend, vorbereitet. Diese Instrumente werden in den nachfolgenden Ausführungen kurz behandelt.

Wie bereits erwähnt, hat die OECD eine Nachprüfung der finnischen Umweltschutzpolitik vorbereitet und 1988 als Schlußfolgerung folgendes festgestellt: »The outstanding progress of pollution control in Finland clearly deserves to be brought to the attention of the other countries.«[12] Grundlage dieser sehr positiven Beurteilung sind meines Erachtens in erster Linie nicht einzelne Maßnahmen oder Instrumente des Umweltschutzes als solche, sondern die Integration dieser in einer harmonischen Ganzheit, und zwar so, daß man den Umweltschutz nicht isoliert, sondern als einen wichtigen Teil der Entwicklung der gesamten Gesellschaft betrachtet. Obwohl die finnische Entwicklung positiv verlaufen ist, gibt es meiner Ansicht nach noch viel zu tun – innerhalb und außerhalb der finnischen Staatsgrenzen.

VI. Kosten des Umweltschutzes in Finnland: Die Gesamtausgaben des Umweltschutzes – Investitionen und laufende Kosten – betragen zur Zeit in Finnland etwa 4,5 Milliarden Finnmark (= 1,8 Milliarden DM) pro Jahr, d.h. etwas mehr als 1% des Bruttosozialproduktes.[13] Dies entspricht etwa dem durchschnittlichen Niveau der OECD-Länder. Die Industrie und die Energieproduktion tragen etwa die

Hälfte der Kosten, den Rest übernehmen der Staat und die Gemeinden. Die neuen, bereits festgelegten Umweltschutzprogramme werden den Anteil der Umweltinvestitionen am Bruttosozialprodukt nicht vergrößern. Dagegen wird der Anteil der laufenden Kosten des Umweltschutzes am Bruttosozialprodukt steigen.

Nach dem Gewässerschutzprogramm für die Jahre 1988 – 1995 werden die Investitionsausgaben des Umweltschutzes insgesamt 2.950 – 3.600 Millionen Finnmark betragen, was jährliche Investitionsausgaben von etwa 370 – 450 Millionen Finnmark bedeutet. Der Anteil der Papier- und Zellstoffindustrie an diesen Ausgaben wird etwa ein Drittel sein und der Anteil der Gesamten finnischen Industrie etwa die Hälfte. Die Gemeinden und die Landwirtschaft werden den Rest der Investitionsausgaben tragen. Die laufenden Betriebskosten des Umweltschutzes werden besonders in der Papier- und Zellstoffindustrie steigen. Man prognostiziert eine durchschnittliche Steigerung von 155 – 240 Millionen Finnmark pro Jahr.

Vergleichsweise betrugen für die Jahre 1971 – 1982 die Investitionen der finnischen Industrie und Gemeinden im Gewässerschutz (nach dem Geldwert des Jahres 1987) insgesamt etwa 8.400 Millionen Finnmark. Dies bedeutet Investitionsausgaben von etwa 700 Millionen Finnmark pro Jahr. Die laufenden Betriebskosten beliefen sich zum Beispiel im Jahre 1980 auf etwa 500 Millionen Finnmark.

Was die Luftreinhaltung angeht, betreffen die Beschlüsse der Regierung von 1987 über die Verminderung der Schwefelemissionen in erster Linie die Energieproduktion. Man prognostiziert, daß der Investitionsbedarf für den Umweltschutz dieser Branche im Zeitraum von 1987 – 1999 insgesamt etwa 2.000 Millionen Finnmark sein wird. Zur Erreichung des Mindestzieles einer 50%igen Verminderung der Schwefelemission vom Jahre 1987 bis zum Jahre 2000 sind in Finnland Gesamtinvestitionen von etwa 2.600 Millionen Finnmark notwendig.

Nach all diesen Investitionen wird die Steigerung der laufenden Betriebskosten, bei einer 50%igen Verminderung der Schwefelemissionen vom Jahr 1987 bis zum Jahr 2000, etwa 300 Millionen Finnmark pro Jahr betragen. Der Anteil der Energieproduktion an diesen Kosten beläuft sich auf 220 – 230 Millionen Finnmark pro Jahr.

Nach den Berechnungen des Umweltministeriums sind vom Jahre 1987 bis zum Jahre 2000 Gesamtinvestitionen von 700 Millionen Finnmark für die Verminderung der Stickstoffemissionen in der Energieproduktion notwendig. Die laufenden Betriebskosten werden um 12 – 14 Millionen Finnmark pro Jahr steigen.[14]

VII. Neue Vorschläge zur wirtschaftlichen Steuerung des Umweltschutzes: Die wirtschaftliche Steuerung des Umweltschutzes in Finnland spielt, wie bereits erwähnt, nur eine untergeordnete Rolle. Darüber gab es in den letzten Jahren viele Diskussionen und Debatten.

Als Argument für die Entwicklung der wirtschaftlichen Steuerungsinstrumente wurde angeführt, daß die Anzahl der Verursacher der Verschmutzung sehr groß sei. Darum reichen die rechtlichen und administrativen Lenkungsmittel nicht aus; man brauche mehr Steuerung durch den Marktmechanismus.

Ferner ermöglicht die wirtschaftliche Steuerung einem Unternehmen oder einem Haushalt, selbst zu bestimmen, wie sie ihr Verhalten in positive Richtung ändern. Die wirtschaftlichen Steuerungsinstrumente stimulieren ebenfalls die technischen Innovationen für den Umweltschutz.

Andererseits kann man behaupten, daß es schwieriger sei, die Einwirkungen der wirtschaftlichen Steuerung zu prognostizieren als die Einwirkungen der administrativen und rechtlichen Steuerung. Um umfangreiche Ziele zu erreichen, sollen zum Beispiel bedeutende Veränderungen der Steuern und Gebühren erfolgen.

Ein staatliches Komitee hat sich mit der wirtschaftlichen Steuerung des Umweltschutzes beschäftigt und legte seinen Bericht 1989 vor.[15] Die Richtlinien dieses Komiteeberichts kann man wie folgt zusammenfassen:

- Der Übergang von meist rechtlicher und administrativer Steuerung zur wirtschaftlichen Steuerung im Umweltschutz ist eine allgemeine Tendenz. Diese Feststellung betrifft besonders die OECD-Länder.
- Ein wachsender Anteil am Steueraufkommen könnte aus Umweltsteuern stammen. Es gibt immer mehr Fälle, in denen der Einfluß auf die Umwelt als Argument für eine neue Steuer verwendet wird.
- Die Ausgaben für den Umweltschutz sollten im wirtschaftlichen Vergleich zu anderen Ausgaben konkurrenzfähig sein. Dies bedeutet etwa, daß eine Investition im Umweltschutz aus der Sicht eines Unternehmens gleich vorteilhaft sein sollte wie eine Investition im Fertigungsprozeß. Steuerermäßigungen für Umweltinvestitionen könnten dabei hilfreich sein.

Das leitende Prinzip der Vorschläge oder Empfehlungen des Komitees ist das Verursacherprinzip. Dies ist ein leitendes Prinzip in der wirtschaftlichen Tätigkeit im allgemeinen. Es wird jedoch vielleicht noch jahrelang dauern, bevor zum Beispiel Steuerzahler bereit sein werden, dieses Prinzip zu akzeptieren. Auf der anderen

Seite ist es schwierig, dieses Prinzip, etwa in der Luftreinhaltung, international durchzusetzen.

Ein anderes wichtiges Prinzip des Komitees war es, daß die Umweltschutzziele auf wirtschaftlich effektive Weise erreicht werden sollen. Dies bedeutet angestrebte Harmonie zwischen den Gesichtspunkten des Umweltschutzes und den allgemeinen wirtschaftlichen Gesichtspunkten.

Als weiteres Prinzip unterstreicht das Komitee die Flexibilität des Steuerungssystems, und zwar so, daß das System zum Beispiel die technische Entwicklung und die neuen technischen Möglichkeiten flexibel in Betracht zieht. Es ist wichtig, die neuen Forderungen des Umweltschutzes prognostizieren zu können, um sich rechtzeitig auf sie vorzubereiten.

Das Komitee hält die jetzige rechtliche und administrative Steuerung des Umweltschutzes in Finnland für selektiv und flexibler. Im finnischen System werden die Bedingungen der Genehmigungen (z. B. im Gewässergesetz) berichtigt, wenn die Umstände sich wesentlich geändert haben. Die Bedingungen werden auch meistens individuell, unter Berücksichtigung der besonderen Verhältnisse gestellt.

Durch seine Vorschläge will das Komitee das Verhalten der Verursacher ändern. Viele der Vorschläge gehören zur Gruppe »Emissionsgebühren und Umsatzsteuern«. Die Anwendung dieser Steuerungsinstrumente begründet man mit dem Argument, daß sie die Unternehmen, die sich betriebswirtschaftlich rational verhalten, dazu bewegen, ihren Emissionsausstoß zu verringern.

Ein interessanter neuer Vorschlag betrifft die Emissionskontingente und ihr Trading. Dies bedeutet zum Beispiel, daß man für eine Gruppe von Unternehmen an einem See die Emissionskontingente festlegt. Reduziert ein Unternehmen durch seine Maßnahmen die Emission unter sein Kontingent, kann es einen Teil seines Emissionskontingents verkaufen.[16] Meiner Meinung nach wird es lange dauern, bis sich dieser Vorschlag verwirklichen läßt.

Das Komitee hat insgesamt 40 konkrete Vorschläge oder Empfehlungen erarbeitet, zum Beispiel:
- Kohlendioxydsteuer zur Lenkung der Energieproduktion,
- Anwendungsgebühren für Verbindungen, die die Ozonschicht zerstören,
- Düngemittelsteuer für Phosphor- und Stickstoffdüngemittel,
- Lärmgebühr für lärmverursachende Maschinen und Arbeitsvorgänge, Gebühren für den Ausbau der Umweltschutzverwaltung, usw.

Die finnische Regierung hat einige der Empfehlungen des Komitees bei der Vorbereitung des Staatsbudgets für 1990 in Betracht gezogen. So etwa einige neue Umweltsteuern, deren Bedeutung vorerst jedoch ganz gering ist, weniger als 1% aller Steuern[17]. Dieser Anteil wird aber in den 90er Jahren deutlich wachsen.

In dem Staatsbudget für 1990 gibt es zwei neue Umweltsteuern. Eine davon ist die Kohlendioxydsteuer, die auf dem Kohleinhalt des Brennstoffes basiert. Die andere neue Umweltsteuer ist jene für die Phosphordüngemittel, mit der Absicht, die Anwendung der Phosphordüngemittel in der Landwirtschaft zu verringern. Zusätzlich gibt es Steuerermäßigungen: einen sogenannten Katalysatorabzug für Autos mit Katalysator und Ermäßigungen der Umsatzsteuer für Anlageninvestitionen im Umweltschutz.

VIII. Abweichende Meinungen: Es muß aber erwähnt werden, daß die Vorschläge des genannten Komitees nicht einstimmig gefaßt wurden. Die Repräsentanten des finnischen Unternehmenssektors waren anderer Meinung als die Mehrheit des Komitees. In ihrer abweichenden Stellungnahme betonten die Repräsentanten der finnischen Unternehmen folgende Gesichtspunkte, die bei der Arbeit und in den

Vorschlägen des Komitees nicht ausreichend oder gar nicht in Betracht gezogen worden waren:

- Gleichzeitig mit den wirtschaftlichen Steuerungsinstrumenten solle man die jetzigen administrativen und rechtlichen Steuerungsinstrumente weiterentwickeln und die Durchschlagskraft der beiden Gruppen miteinander vergleichen.
- Das Verursacherprinzip ist etwa im Hinblick auf die Entschädigungspflicht in Finnland bereits strenger gehandhabt worden als in den anderen OECD-Ländern. Darum solle man in der Steuerung nicht nur Steuern und Gebühren, sondern auch Incentives verwenden. Die Unterstützung des Umweltschutzes ist im Verhältnis zum Bruttosozialprodukt in Finnland die zweitkleinste aller OECD-Länder.
- In der Durchsetzung neuer wirtschaftlicher Steuerungsinstrumente sollen die Übergangsperioden lang genug sein, und man solle in der Einführung neuer Umsatzsteuern die internationale Harmonisierung in Betracht ziehen. Die finnischen Produkte sollen kostenmäßig mit den ausländischen Produkten wettbewerbsfähig sein.
- Die wirtschaftliche Steuerung soll nicht eine ständige Last bedeuten. Wenn sich die Umweltverschmutzung verringert, sollen auch die Steuern und Gebühren reduziert werden.

– Das eigentliche Anwendungsgebiet der wirtschaftlichen Steuerung solle da liegen, wo wirklich zahlreiche Beschlüsse gefaßt werden. Darum solle die wirtschaftliche Steuerung besonders das Verhalten der Konsumenten und nicht nur das der Produzenten betreffen.

Auch diese Überlegungen sind beachtenswert. Die Analyse der wirtschaftlichen Steuerung des Umweltschutzes wird in einer Arbeitsgruppe fortgesetzt. Weil für die finnische Gesellschaft, besonders in den 80er Jahren, der Konsens im allgemeinen charakteristisch gewesen ist, erscheint es möglich, daß in Zukunft auch die neuen Instrumente und Maßnahmen für den Umweltschutz auf Konsensdenken basieren werden. Dies erfordert Kompromisse zwischen den unterschiedlichen Denkrichtungen und Gesichtspunkten.

IX. In welche Richtung? Trotz mehrerer Vorschläge zur Entwicklung der wirtschaftlichen Steuerung des Umweltschutzes wird meiner Ansicht nach der Umweltschutz in Finnland in der Zukunft mehr auf rechtlicher und administrativer als auf wirtschaftlicher Steuerung basieren. Die neuen wirtschaftlichen Steuerungsinstrumente benötigen eine lange Einführungszeit und müssen erst von der öffentlichen Meinung akzeptiert werden. Auch die wirtschaftlichen Steuerungsinstrumente selbst sollen weiterentwickelt werden.

Nach der ökonomischen Theorie gilt, daß die Umweltschutzmaßnahmen so weit ausgeweitet werden sollen, bis die Grenzkosten gleich dem Grenznutzen einer besseren Umwelt sind. Nach der ökonomischen Theorie müssen in einer idealen Situation unter anderem folgende Voraussetzungen gelten:

- Die Wirkung der einzelnen Maßnahmen ist bekannt.
- Es herrscht vollständige Konkurrenz auf dem Markt.
- Gebühren und Steuern belasten die konkurrierenden Unternehmen im gleichen Ausmaße.[18]

In der Realität liegen diese Voraussetzungen der ökonomischen Theorie im allgemeinen nicht vor. Darum kann die wirtschaftliche Steuerung des Umweltschutzes in jedem Falle nicht direkt auf der ökonomischen Theorie gegründet sein. Dies bedeutet meiner Ansicht nach jedoch nicht, daß die wirtschaftlichen Steuerungsinstrumente des Umweltschutzes wertlos wären.

Im Gegenteil, man sollte die wirtschaftlichen Steuerungsinstrumente weiterentwickeln, und zwar so, daß sie zusammen mit den rechtlichen und administrativen Steuerungsinstrumenten angewandt werden können. In diese Richtung wird sich die Steuerung des Umweltschutzes in Finnland in Zukunft entwickeln, und bei dieser Entwicklung werden die wirtschaftlichen Steuerungsinstrumente – wie auch die internationale Zusammenarbeit – eine zunehmend bedeutende Rolle spielen.

X. Internationale Zusammenarbeit: Wie bereits festgestellt, verursachen die ausländischen Emissionen etwa zwei Drittel des Schwefel- und Stickstoffniederschlages auf finnischem Boden. Auch die Wasserverschmutzung der Ostsee ist für Finnland problematisch. Um die heutige Lage zu verbessern, bedarf es einer intensiven internationalen Zusammenarbeit.

In der finnischen Außenpolitik dominiert im Bereich des Umweltschutzes das Prinzip der »beständigen Entwicklung«. Nach diesem Prinzip sind bei der Verwendung der Naturressourcen auch die Bedürfnisse der kommenden Generationen in Betracht zu ziehen, und es muß dafür Sorge getragen werden, daß die Bevölkerung auch in Zukunft in einer gesunden Umwelt leben kann. Finnland strebt danach, daß dieses Prinzip überall in der internationalen Zusammenarbeit durchgesetzt wird.

In der internationalen Umweltpolitik Finnlands liegt das Schwergewicht auf den angrenzenden Regionen. Dies sind in erster Linie Teile der Sowjetuntion, wie die Kolahalbinsel und die Industriegebiete von Leningrad und Estland. Auch dem gesamten Ostseeraum gilt das vorrangige Augenmerk der finnischen Umweltpolitik. Denn die Verschmutzung des finnischen Luftraumes kommt größtenteils aus diesen Gebieten. Alle Anrainerstaaten an der Ostsee sind selbstverständlich für die Verunreinigung der Ostsee mitverantwortlich.

Im Bereich des Umweltschutzes betreiben die nordischen Länder enge Zusammenarbeit. Finnland hat auch mit der Sowjetunion und Polen Umweltschutzverträge. Besonders eine noch intensivere Zusammenarbeit mit der Sowjetunion liegt im Interesse Finnlands.

Für Finnland sind der Technologietransfer, vor allem zu den osteuropäischen Ländern, und eine mögliche finanzielle Unterstützung des Umweltschutzes in diesen Ländern wichtig. In dieser Richtung gibt es viel zu tun, und zur Zeit arbeitet man in Finnland intensiv an diesen Fragen.

Die aktuellen Probleme betreffen besonders die Modernisierung der sowjetischen Industrieanlagen nahe der finnischen Grenze. Im allgemeinen ist man in Finnland der Meinung, daß in diesen Fällen die Verschmutzungsprobleme nicht mit Hilfe der Reinigungsanlagen allein gelöst werden können, sondern der gesamte Produktionsprozeß modernisiert werden muß. Dafür braucht man umfangreiche Finanzmittel. In Finnland entwickelt man zur Zeit Lösungen für den Technologietransfer und für die finanzielle Unterstützung solcher Investitionen, die besonders zur Luftreinhaltung Finnlands viel beitragen können. In letzter Zeit nehmen die Umweltprobleme in der finnischen Außenpolitik gegenüber der Sowjetunion sogar den ersten Rang ein.

Finnland ist auch an der internationalen Zusammenarbeit im Bereich des Umweltschutzes auf globaler Basis sehr aktiv beteiligt. Es nimmt besonders an der Entwicklung des Umweltprogramms (UNEP) der Vereinten Nationen teil. In Europa hat Finnland die europäische Zusammenarbeit im Bereich des Umweltschutzes in der Europäischen Wirtschaftskommission (ECE) und in der Arbeit der Konferenz über Sicherheit und Zusammenarbeit in Europa (KSZE) entwickelt. Das Abkommen über den Schutz der Ostsee wurde auf Initiative Finnlands zustandegebracht.

In den Entwicklungsländern setzt Finnland das Prinzip der »beständigen Entwicklung« um. In diesen Ländern verwirklicht man mit finnischer Hilfe mehrere Projekte der Gesetzgebung, Verwaltung, Forschung und Ausbildung im Bereich des Umweltschutzes durch bilaterale und multilaterale Zusammenarbeit.

Die internationale Umweltpolitik Finnlands geht davon aus, daß die internationale Zusammenarbeit unbedingt notwendig ist, um das Problem des Umweltschutzes weltweit zu lösen.

XI. Einige Schlußbemerkungen: Die wirtschaftliche Steuerung des Umweltschutzes ist in Finnland, wie auch international, ein relativ neuer Bereich. Für die zukünftige Entwicklung dieser Tätigkeit gibt es meiner Ansicht nach zwei Schlüsselworte. Diese Worte sind: Integration und Harmonisierung.

So sollten zum Beispiel die Entscheidungen in einem Unternehmen so getroffen werden, daß man Integration und Harmonie zwischen den Umweltzielen und den anderen Zielen (Rentabilität usw.) erreicht.

Dasselbe gilt für die verschiedenen Steuerungsinstrumente des Landes selbst: Integration und Harmonisierung der rechtlichen, administrativen und wirtschaftlichen Steuerungsinstrumente sollten angestrebt werden. Auch die Integration der gesamten Umwelt-, Wirtschafts- und Gesellschaftspolitik des Landes in einer harmonischen Ganzheit ist von großer Bedeutung.

Auf internationalem Niveau, in der internationalen Zusammenarbeit, im Bereich des Umweltschutzes und in der Steuerung des Umweltschutzes im Rahmen der

Außenpolitik werden meines Erachtens Integration und Harmonisierung eine immer bedeutendere Rolle spielen.

Heute muß man in der Außenpolitik eines entwickelten Landes die umweltpolitischen Fragen als wichtigen Bestandteil betrachten und sie mit den anderen Teilen der Außenpolitik so zu integrieren versuchen, daß man eine harmonische Ganzheit erreichen kann. International braucht man eine weltweite rechtliche und wirtschaftliche Steuerung des Umweltschutzes mit dem Ziel globaler Integration und Harmonisierung. Ein bedeutendes internationales Problem der wirtschaftlichen Steuerung ist zum Beispiel die Harmonisierung der Umweltsteuern in den verschiedenen Ländern.

Die beiden Begriffe Integration und Harmonisierung werden auch für die wissenschaftliche Erforschung der Umweltprobleme und deren Teilgebiete immer wichtiger. In letzter Konsequenz bedeutet dies die Notwendigkeit einer interdisziplinären und internationalen Erforschung der Umweltprobleme. Meiner Ansicht nach ist die Erforschung der Umweltprobleme als Ganzes, einschließlich der wirtschaftlichen Steuerung des Umweltschutzes, wirklich eine der wichtigsten Herausforderungen an die interdisziplinäre Forschung in den 90er Jahren in Finnland und in der ganzen Welt.

Anmerkungen

1 Die vorliegende Studie entstand im Rahmen der Studiengruppe »Wasser – Boden – Luft« der Akademie der Wissenschaften zu Berlin.

2 Für mehrere Gespräche bin ich besonders dankbar den Herren Generaldirektor Simo Jaatinen und Dr. Pertti Heinonen, Zentralamt für Gewässer und Umwelt, und Herrn Timo Parkkinen, Umweltministerium.

3 Quelle: Staatliches Technisches Forschungszentrum Finnlands.

4 OECD, Environmental Policies in Finland, Paris 1988, S. 93.

5 1 Fmk = 0,4 DM.

6 Indicators of the Finnish Economy 1989, Council of Economic Organizations in Finland, Helsinki 1989.

7 Main Science and Technology Indicators, OECD Data Base, Paris 1989.

8 OECD, Environmental Policies in Finland, Paris 1988, S. 32.

9 OECD, Environmental Policies in Finland, Paris 1988, S. 92.

10 OECD, op. cit., S. 92.

11 Valtioneuvoston selonteko eduskunnalle ympäristöpolitiikasta (Überblick der Regierung gegenüber dem Parlament über Umweltpolitik), Helsinki 1989, S. 18.

12 OECD, op. cit., S. 93.

13 Valtioneuvoston ..., op. cit., S. 29.

14 Valtioneuvoston ..., op. cit., S. 29 – 30.

15 Ympäristonsuojelun taloudellinen ohjaus, komiteamietintö 1989: 18 (Wirtschaftliche Steuerung des Umweltschutzes, Komiteebericht 1989: 18), Helsinki 1989.

16 Siehe Tuomainen Eero, Taloudellinen ohjaus ympäristönsuojetlussa (Wirtschaftliche Steuerung im Umweltschutz), Ympäristönsuojelu 3/89, Helsinki 1989.

17 Siehe z. B. Parkkinen Timo, Veroja ympäristöhaitoille (Steuern der Umweltschäden), Ympäristönsuojelu 1990, Helsinki 1990.

18 Siehe z. B. Airanne Olavi, Miljövardens ekonomiska principer (Ökonomische Grundsätze des Umweltschutzes), Ekonomiska Samfundets Tidskrift 1/1990, Helsinki.

FSC
www.fsc.org
MIX
Papier | Fördert gute Waldnutzung
FSC® C083411

Kolibri 360 GmbH
Ferdinand-Jühlke-Straße 7
99095 Erfurt, Deutschland
produktsicherheit@kolibri360.de